Fateh Bouchene

L'Hombre de Malika

Fateh Bouchene

L'Hombre de Malika

Éditions Muse

Imprint

Cover image: www.ingimage.com

Publisher:
Éditions Muse
is a trademark of
International Book Market Service Ltd., member of OmniScriptum Publishing Group
17 Meldrum Street, Beau Bassin 71504, Mauritius

Printed at: see last page
ISBN: 978-620-2-29402-7

Première partie

L'hombre de Malika

Introduction

En Algérie, une fille parmi d'autres filles victimes du terrorisme aveugle.
Âgée de 26 ans, viens de retrouver sa famille, qu'elle avait perdue de vue près de seize ans, plus tôt, alors, elle s'était violée par des terroristes à l'âge de dix ans.
Ainsi, commence l'histoire vraie d'une fille de la campagne, victime de la décennie noire qu'a connue l'Algérie dans les années quatre-vingt-dix.

https://www.pinterest.fr/pin/806918458209552419/

Malika, une fillette de 10 ans, très jolie, elle ressemble tout à fait à son père qu'à sa mère, elle à un grain de beauté au côté droit du visage comme son père.
C'est la fille unique, vivait, au sein d'une famille modeste, respectueuse et généreuse.
Ses parents avaient une parcelle de terrain pour vivre.
Malika, est une élève dans une école primaire située dans un petit village de Salah Ami, dans les montagnes des Aurès.

Ce village entouré par une forêt impénétrable fréquenté par des animaux dangereux et des terroristes.

https://pixabay.com/fr/photos/automne-feuillage-paysage-sc%C3%A9nique-1748644/

Les loups affamés descendaient chaque nuit au village pour chercher de quoi manger surtout en hiver, ainsi que les terroristes demandaient aux paysans de l'argent et de la nourriture, causant ainsi de graves problèmes aux villageois

https://pixabay.com/fr/photos/loup-pr%C3%A9dateur-mongol-loup-mongol-1972762/

Le village, abrité par une douzaine de familles appartient à la même tribu de Salah Ami, dispersés autour des alentours des Aurès.

Ces familles-là, travaillaient la terre et vivaient de l'agriculture, elles gagnaient donc juste de quoi vivre.

Elles ont vécu, comme d'autres familles de l'Algérie profonde, des périodes infernales, durant la décennie noire où le terrorisme aveugle a frappé avec férocité l'Algérie.

https://i.pinimg.com/originals/58/83/0c/58830cda688f7a725918d031905c805e.jpg

Mariam, la mère de Malika, cette femme aux petits tatouages au visage, reconnue par sa gentillesse et sa générosité envers ses voisins.

https://www.pinterest.fr/pin/414753446926429206/

Madjid le père de Malika, cet homme, courageux, dans la quarantaine un laboureur de métier, très respecté par les villageois qu'on lui donnait le nom du sage.
Avec une barbe noire, habillait d'une (gandoura) genre de vêtement traditionnel blanche, pantalon traditionnel appeler Houka, coiffé d'un (chèche) genre de chapeau blanc et armé d'un fusil de chasse pour affronter tous types d'agression et notamment les terroristes.
Chaque matin à l'aurore Mariam et son mari Majid se réveillaient pour faire la prière.

Madjid sortait, de son vieux cottage, pour inspecter son troupeau de moutons par peur des loups affamés et les agressions des terroristes.
Dans la cour du cottage, Mariam trayait, la chèvre pour préparer le petit-déjeuner à sa petite fille pour aller à l'école à 7 heures comme d'habitude.
Cependant, Malika rangeait ses affaires et révisait ses leçons.
En dehors, ce sont les villageois, avec leurs chiens bien dressés qui surveillaient les alentours du village à tour de rôle, à cause des menaces des terroristes.
Le mois de décembre, une journée, froide, et la neige n'a pas cessé d'arrêter depuis une semaine et les routes sont très enneigées.
Chaque matin à l'exception du week-end, Malika et son père traversaient ce chemin très risqué au milieu de la forêt pour aller à l'école.
Un petit sac plein cahiers et livres sur son dos, un morceau de galette et une poignée de dattes.
Arrivaient en retard, à l'école à cause de l'impraticabilité du chemin bloqué par la neige, le directeur de l'école à accepter les excuses du retard de Madjid.
Malika est en classe, son père est retourné au travail.
En classe, il faisait froid, les élèves ne pouvaient pas enlever leurs(Cachabias) genre de vêtement traditionnel, pour manque du poêle à gaz, mais cette situation ne les empêchaient pas de participer massivement à la leçon portait sur un thème : la prévention contre la grippe saisonnière.
Malika reconnut par sa maîtresse, de son directeur et ses camarades de classe comme une élève sérieuse, assidue et éduquée.

À L'extérieur, la neige a cessé, la cour de l'école est recouverte complètement par la neige.
On entendait, que le chant des oiseaux, l'aboiement des chiens et le hurlement des loups affamés.
À midi, la maîtresse a demandé aux élèves de prendre leur déjeuner en classe à cause du

froid, puis vous, pouviez sortir à la cour pour profiter de la neige : disait la maîtresse.
Dans la cour de l'école, les élèves jouaient sur des petites buttes de neige de façon sécuritaire et encadré dans la cour de l'école, tout le monde est heureux.
Au village, c'était la panique, c'est la course contre la montre, un enfant est tombé au fond du puits, les villageois sont désespérés pour sauver l'enfant à cause du mauvais temps et la difficulté de l'opération.
À seize heures, la sonnette de l'école a sonné, annonçant la fin de la séance. Malika, se trouver devant la porte de l'école en attendant l'arrivée de son père.
Tout le monde est parti, les rues, les places et les endroits publics du village sont désertes, à cause du froid, sauf les chiens errants et les chats qui circulaient.
Des heures passées, mais aucune suite de son père.
Elle, avait la trouille au ventre, bientôt, la nuit va tomber, Malika, a décidé de rentrer chez elle seule.
Déjà, le crépuscule, le chemin est devenus de plus en plus impraticable.
Le hurlement des loups affamés, a poussé Malika à crier à haute voix aidez moi, aidez moi, je suis perdu, mais personne n'entendait ses cris.
Au village, les villageois ont pu sauver l'enfant après une grande souffrance.
Madjid quittait la foule à la recherche de sa fille.
Malika, ses forces ont faibli, les larmes coulaient sur son visage, se trembler et la trouille au ventre, en criant à voix basse : au secours, au secours.
Ensuite, elle s'est assis sur une grosse pierre, la tête entre les ge-noux, à cause de la sévérité du froid, de la faim et de la fatigue, elle mettait, sa main dans sa poche et trouvait quelques dattes et les mangés.
Elle est très fatiguée qu'elle ne pouvait plus lever la tête.
Âpres quelques minutes, elle a senti un frôlement contre son genou.
Elle se réveilla, difficilement, c'étais deux hommes musclés et voilés à côté d'elle, Malika, ne pouvais plus bouger, effrayer et bouche-bée.
L'homme lui demandait de le suivre, Malika, n'a pas obéie a son ordre, elle commençait à pleurer, crier d'une voix à peine, lâchez-moi s'il te plaît, pitié, mais les deux hommes sans froid, l'un deux là giflait sur ces petites joues, en lui disant, calme-toi, ne pas avoir peur nous sommes là pour t'aider.
Malika, par peur, elle les suivait.
À l'intérieur de la jungle, c'est l'obscurité totale, en entendait, uniquement, le murmure du vent à travers la forêt, des bruits de chouettes et le hurlement des loups.
Elle, voulait retourner chez elle, mais elle ne savait plus où aller.

Elle essayait de retrouver son chemin, mais elle ne voyait plus rien à cause de l'obscurité, donc elle n'avait pas d'autres solutions que de suivre ses ravisseurs. Malika, pendant toute la journée, a subi, la faim, la soif et la cruauté du froid. Elle, peut à peine marcher, elle ne perd pas de vue les assaillants.

Ses pieds sont devenus lourds, elle ne peut plus les soulever, elle tombait, puis se levait, plusieurs fois à cause de la fatigue, son tablier blanc est devenu sale à cause de la boue, son sac au dos est déchiré.
Ils la conduisaient, dans un fossé, tout de suite violée à tour de rôle, elle n'a opposé aucune résistance devant ces monstres.

Après leur sale besogné, l'un d'eux sort de sa poche une épée pour l'égorger, mais son ami lui demandait de la laisser à son sort.
Ils la laissaient dans le fossé dans une situation pitoyable. À l'intérieur du fossé, elle créa à voie base : à l'aide, et personne n'est pas là pour là sauver.

Des heures écoulées, mais personne n'était passé par là.
Soudain un chien de race allemande devant le fossé et commençait à aboyer, mais

Aucune réaction de la pauvre Malika.
Le chien continué a aboyé plus fort, mais personne n'a écouté.
Le chien se met à courir en plein milieu de la forêt, en là laissant seule.
En ce moment-là, la pluie commençait à tomber, avec un souffle trop froid, ce qui a rendu la situation très délicate pour la pauvre Malika.
Le jour se levait, le chien se trouvait sur une colline et commençait a aboyé.

Derrière la colline, se trouvait une grande ferme, entourée d'arbres fruitiers, à l'intérieur, il y a des vaches, des chevreaux, des poulets et des chiens.
La ferme est entourée d'une clôture barbelée que personne ne peut pénétrer.

Habité, par un riche fermier, surnommé Laid et sa femme Khadija ainsi que leur chien Max.

https://pixabay.com/fr/photos/chemin-de-campagne-route-de-gravier-428039/

Laid, a entendu, l’aboiement de son chien.

créait à toute voix :
Où est-tu Max, je t'ai cherché toute la journée, mais aucune trace de toi.

Le chien aboyait sans cesse, Laid a compris son chien, que quelque chose qui clochait.

Il dirigeait, vers lui et commençait à le caresser.

Le chien, courait Laid à bord de son véhicule, derrière son chien, âpres des heures de route.

Ils sont arrivés sur place, Laid descendait de la voiture et suivait son chien qui s'arrêtait devant le fossé et commençait à aboyer fort.

Laid à jeter un coup d'œil à l'intérieur du fossé, et créait oh mon dieu une petite fille, là dedans, il croyait qu'elle est morte.
Il descendait le fossé, il la trouvait saine et sauve, il la mettait sur son dos et grimpait le fossé.
A distinction la maison, c'est la course contre la montre.
Après un long moment, enfin, Laid est arrivé a la ferme et créait a toute voix : Khadija ouvre la porte.
Dès la porte, est ouverte, Laid à bousculer Khadija sans faire attention.
Dans la chambre, il l'allongeait, sur le lit et là couvert avec une couverture, pui il a essayé de savoir son nom, mais la petite pauvre se trouvait dans un coma profond.

Sans perdre du temps, à bord de son véhicule, il est allé chercher le médecin du village.

Tan disque Khadîdja et son chien sont là prés de Malika.

Le médecin est arrivé en toute urgence, a commençait à consulter Malika.

https://fr.freepik.com/vecteurs-libre/contexte-du-docteur_1130796.htm

Il n'a pas cru que la pauvre était encore en vie, vraiment sa santé a été dégrader disait le médecin, au point où tout le monde est désespéré de sa guérison.

Le médecin a demandé en toute urgence son hospitalisation, dans l'hôpital de la ville distant de 60 kilomètre du village.

Quelques minutes plus tard, l'ambulance est arrivée, Malika a été évacuée.

A bord de l'ambulance se trouvaient, Khadidja, Laid et le médecin du village.

Khadija, tenait la main de Malika en caressant ses cheveux, ses larmes coulaient sur son visage.

Tandis que Laid, sa tète entre ses je-nous, bouche bée.

Par contre le médecin est entrain de surveiller la pauvre Malika, qui se trouvait presque dans un coma.

L'ambulance, a toute allure, traversait cette route montagneuse, plein de virages dangereux, des descentes et des montées risqués.

Apres plus de deux heures de route, enfin l'ambulance est arrivait a l'hôpital de la ville.

Aussitôt arrivait, l'équipe médicale de l'hôpital se trouvait sur place.

https://fr.freepik.com/vecteurs-libre/conception-equipe-medicale_1023372.htm

Au sin du service des urgences, Malika a subi des consultations minutieuses, a la présence même d'un psychologue.

Selon le médecin traitant de l'hôpital, Malika soufrait d'une carence en fer, de la fièvre et du traumatisme crânien léger.

https://fr.freepik.com/vecteurs-premium/medecins-urgence-transportant-homme-civiere_4701005.htm

Laid, âpres avoir entendus le compte rendu du médecin traitant, ce dernier (Laid) à raconter a son tour toute l'histoire de Malika au médecin traitant.

Le médecin, avait expliqué à Madjid que Malika doit rester à l'hôpital pendant longtemps car sa santé est en danger.

Devant cette situation, Laid et Khadîdja avaient décidés de s'installer dans un petit motel de la ville, afin qu'ils puissent se rassurer de la santé de Malika.

https://fr.freepik.com/vecteurs-libre/petit-motel-bordure-route-ouvert-24-heures-24-panneau-signalisation-lumineux-pres-autoroute_4394143.htm

Maintenant, Malika est Sous les soins intensifs, entre la vie et la mort.

Après quelques mois, Malika sortis du coma et a retrouvé petit à petit sa forme, grâce a sa famille adoptive qui a pris soin d'elle que se soit du côté santé et psychique que du côté éducatif.

Des années écoulées, la guerre civile en Algérie est terminé, Malika est âgée maintenant de 26 ans.

Elle à terminer ses études universitaires, est devenue un médecin généraliste dans une petite clinique du village.
Puis elle s'est mariée avec un enseignant, on lui donnant, 3 enfants (deux garçons et une fille).

Deuxième partie (du coté de sa famille biologique)

Des jours passés et les recherches ne cessaient pas, nous étions désespérés, nous sommes allés à la police, nous avons fouillé tout le village, la forêt et ses environs.
Mais nous ne l'avons pas trouvée disait Majid.

Les villageois en deuil.

Sa mère pleurait jour et nuit pour la perte de sa fille.

Nous n'avions aucune idée de ce qui était arrivé, mais dans mon cœur, je n'ai jamais oublié ma petite fille et lui ai envoyé une prière chaque nuit", a déclaré sa mère.
Tandis que, Majid a lancé de multiples appels aux habitants d'autres villages de provinces des Aurès, afin de l'aider dans les recherches.

Mais quelques jours après, la fillette n'est toujours pas retrouvée, alors que les opérations de recherches par les villageois se poursuivaient dans toute la forêt.

Le temps passe ça fait maintenant seize années écoulées, aucune trace de Malika.

Tout le monde pensait qu'elle était dévorée par les loups affamés ou kidnappée par des terroristes.

Malika, aujourd'hui âgé de vingt-six ans, elle est devenue médecin travaillant dans une clinique pas loin du village.

En novembre de l'année 2016, le début de la saison de récolte des olives dans les villages.
Dans la région amazighe.

Les villageois achetaient et battirent des moutons. Les femmes préparaient le couscous.

Après l'annonce du début de la saison, les villageois se rendent dans leurs champs, où ils manifestent diverses formes de cohésion.
Des familles limitées aident d'autres membres de la famille, car la récolte des olives nécessite beaucoup de travail.

Le soir, les villageois organisaient une fête à l'occasion de la bonne récolte des olives cette année.

Tout le monde est invité même les villageois des provinces, a cette fête fraternelle.

À travers le dialogue entre les villageois, le nom de Malika a été cité par une personne étrangère de la tribu, Ami Salah surnommé Hamid.

Selon la personne, Malika vivait, dans un village situé à plus de 100 Km de son village natal, a eu trois enfants, avec un enseignant du village, aujourd'hui elle est âgée de 26 ans Malika a été retrouvée par Laid l'homme riche du village, dans un état critique, a-t-il ajouté.

Puis, il a pris soin d'elle jusqu'à ce qu'elle grandisse, maintenant elle est devenue médecin.

Après avoir entendu l'histoire par les villageois, Madjid accompagné de Hamid l'invité, à bord de son véhicule de marque 404 bâché, allaient à la recherche de sa fille.
Après des heures de route, en traversant des virages, des montées et des descentes dangereuses.
Enfin, les deux bonhommes se trouvaient dans le village.
Ils descendaient du véhicule, et dirigeaient directement vers un petit café populaire, pour prendre quelques repos.

Après avoir bu du café, Hamid a demandé à Majid d'aller voir Laid qui habite, pas loin du village.
Après une heure de route, au milieu de la Montaigne, enfin, ils sont arrivés à la ferme de Laid.
Hamid se rapprochait du file barbelé qui entoure le permettre de la ferme et commençait à créer a toute voix le nom de Laid.
Laid a ouvert la porte de la maison et accueillait ses invités.
Laid a demandé à Hamid de lui présenter son invité.
Après avoir entendu toute l'histoire de A à Z de la bouche de Majid par Laid.
Ce dernier(Laid) à demander à Majid de l'accompagner pour lui montrer la demeure de Malika.
À bord de son tracteur, en traversant un beau paysage ils sont arrivés âpres une heure de route au domicile de Malika.
Malika se trouvait dans la cour de la maison en train de laver les vêtements, à coté d'elle ses trois enfants qui jouaient à la cachette.
Malika ouvre la porte disait Laid.
Malika a entendu la voix de son père adoptif, elle précipitait pour l'accueillir, elle l'adore tellement.
Elle l'embrassait beaucoup, puis elle salua l'invité, mais Majid, ses yeux sont fixés sur le visage de Malika, bouche bée, tremblait de joie.
Tan disque Malika, aussi tremblait de joie et a sentait un sentiment étranger envers l'invité.
À l'intérieur du salon, Laid a demandé à sa fille de rester, pour entendre des choses importantes qui le concernent.
Malika, âpres avoir entendu toute l'histoire, de son père adoptif.
Elle s'évanouit, après un moment, elle ouvrait ses yeux et trouvait, son père biologique en train de l'embrasser fortement en pleurant avec un cri de nostalgie, pour sa fille, qui ne l'a pas vue depuis seize ans.
J'ai failli mourir de t'avoir perdu : disait Majid.
Une grande cérémonie a eu lieu dans le village de Majid, à l'occasion du retour de Malika au sein de sa famille.
Madjid et Mariam pleuraient de joie.
Malika à changer beaucoup, des signes de nostalgie apparaissaient sur son visage.
Malika et son mari ont décédé de s'installer dans le village d'Ami Salah pour de bons.
La famille a finalement réuni, après seize ans d'absence de leur fille unique.

Troisième partie

Apres de deux mois de repos au sein de sa famille biologique, Malika a commencé à travailler comme médecin dans une clinique du village.

Tandis que son mari a été nommé enseignant dans une école du même village, ses enfants eux aussi scolarisés.

Elle s'est fait la promesse solennelle de vivre comme si toute cette violence n'avait pas eu lieu, quoi qu'il lui en coûte.

Elle s'est fait la promesse solennelle de vivre comme si toute cette violence n'avait pas eu lieu, quoi qu'il lui en coûte...

En revanche, elle avait décidé de crier une association à caractère sociale pour soutenir les femmes victimes du terrorisme aveugle.

Témoignages NO 1

Femmes violées par les terroristes

Par AW · Publié décembre 13, 2009 · Mis à jour juin 1, 2018

Femmes violées par les terroristes

Silence et humiliation

Par Nadia Mellal, Liberté, 16 juin 2005

Dix ans après le drame qu'elles ont vécu dans leur chair, elles souffrent encore.

On leur refuse le statut de victime à part entière, elles se réfugient dans leur douleur.

Il faut distinguer deux phases durant la période du terrorisme pour comprendre le sort des femmes violées : la période d'avant 1996 et la période d'après 1996", expliquera Ali Merabet, le président de Somoud, l'association des familles enlevées par les groupes terroristes.

Durant la période antérieure à 1996, les femmes étaient soit violées chez elles ou alors étaient victimes d'un mariage forcé avec les terroristes en présence de leur famille", révélera Merabet notant que cette tendance chez les terroristes était liée à leur liberté de mouvements.

Ils étaient partout à l'époque et les services de sécurité n'étaient pas à même de les identifier facilement", dira-t-il.

Les femmes victimes de ce type de viol étaient le plus souvent "celles non voilées, adoptant un style moderne".

Les femmes travailleuses dans les administrations, les femmes policières et les infirmières" représentent le profil professionnel ciblé par le viol terroriste durant cette période.

Les enlèvements des femmes sont apparus en 1996. "

Les terroristes étaient acculés dans les maquis par l'offensive militaire et ne pouvaient plus circuler librement dans les douars et violer les filles", note le président de Somoud. Les enlèvements des filles intervenaient à chaque attaque des groupes armés "où les terroristes prenaient tout ce qu'ils trouvaient pour vivre, et les filles faisaient partie de leur butin", précise Merabet.

Les filles enlevées durant cette période étaient désignées sous l'appellation de "sabaya", indiquera-t-il, tout en expliquant qu'il s'agit "des filles les plus jeunes et les plus belles".

Et ce n'est pas n'importe quel terroriste "qui peut violer ces filles", dira Merabet. Elles sont destinées aux émirs". "

Mais dès qu'il y a de nouvelles filles enlevées, celles précédemment violées par les émirs sont offertes à son entourage proche et les nouvelles venues sont considérées comme revenant de droit aux émirs.

Quel est le sort de ces filles ?

Le plus souvent, les terroristes les tuent, que ce soit lorsqu'elles tombent enceintes ou lorsqu'elles deviennent nombreuses et constituent des témoins gênants", dira le président de Somoud ; en ce sens qu'elles peuvent les dénoncer.

C'est pour cela que très peu de femmes enlevées reviennent vivantes lors des assauts de l'armée ou lorsqu'elles parviennent à s'évader", notera Merabet en estimant leur taux à "seulement 2%.

Ce taux insignifiant est défini par rapport au nombre total des femmes enlevées et violées par les terroristes.

Chérifa Kheddar, la présidente de Djazaïrouna, l'association des familles de victimes de Blida, estime le taux des femmes violées dans la seule région de la Mitidja à un millier. C'est le même chiffre avancé par Merabet.

Cependant, "il n'existe aucune statistique officielle", selon un responsable au ministère de l'Intérieur, précisant que "c'est vraiment mentir que de prétendre détenir le nombre des femmes violées par les terroristes".

TRAGIQUES SORTS

Dix ans après leur drame que sont devenues les femmes violées revenues vivantes ? "

De la dizaine de filles violées par les terroristes que nous avons reçues chez nous, nous n'avons gardé la trace d'aucune d'elles.

C'est comme si elles se sont évaporées", relèvera Chérifa Bouata, psychologue à la Société algérienne de recherche en psychologie (Sarp).

Nous avons essayé de recontacter plusieurs d'entre elles car elles se trouvaient très mal, mais nous n'avons pas réussi à le faire", explique-t-elle encore.

Une exception, cependant.
Celle d'une femme violée par les terroristes et décédée.

Nous avons appris qu'elle était morte", affirmera Mme Bouata, expliquant qu'il s'agit d'une femme qui vivait très très mal dans sa peau, qui a fait plusieurs tentatives de suicide et qui avait été même hospitalisée en psychiatrie.

La tendance de ces femmes à la discrétion s'explique par l'intensité de la violence qu'elles ont subie, indique Chérifa Bouata : "

Ces femmes étaient envahies, écrasées par la honte, la douleur et la culpabilité.

Le viol, c'est quelque chose qui les a détruites, elles ne pouvaient plus relever la tête", dit-elle non sans noter que "c'est pour cela qu'elles n'ont pas demandé de l'aide.

Elles ont voulu garder le viol secret", affirme-t-elle.

Et celles qu'on a reçues chez nous, elles sont venues par l'intermédiaire d'autres personnes", indique-t-elle encore tout en précisant qu'"'une fois examinées et identifiées comme étant des femmes violées, elles ne reviennent plus.

C'est le même cas de figure qui s'est posé à Chérifa Khedar, la présidente de Djazaïrouna.

Sous le poids de la honte, les femmes violées de Blida n'ont pu demander, durant les premières années de la décennie rouge, de l'aide directement en s'adressant à cette association : "

C'était le père, le frère ou parfois l'oncle qui venait pour voir de quelle manière pouvions-nous aider ces femmes violées par les terroristes.

Estimant à une vingtaine le nombre de victimes prises en charge par son association, Chérifa n'a de nouvelles que de sept d'entre elles.

Des sept femmes restantes, trois sœurs qui ont été violées par les terroristes ont déménagé avec leur mère vers la région de l'Est.

Deux d'entre elles se sont mariées.

Une autre fille violée chez elle, s'est mariée avec un vieil homme tandis que deux autres femmes enlevées et violées ont connu deux sorts totalement opposés.

Celle qui était célibataire avant son enlèvement s'est par la suite mariée, et celle qui était mariée avant son viol a divorcé", précise notre interlocutrice.

Mais le cas le plus dramatique a été celui d'une "mère violée devant ses enfants", note Chérifa Kheddar non sans amertume.

Cette femme après avoir été libérée du maquis, a été reprise par ses parents pour l'aider à se reconstituer psychologiquement.

Quelque temps après, elle a été récupérée par son mari.

Mériam Belala, la présidente de SOS femmes en détresse détient également très peu d'informations pour sa part sur ce qui est advenu de la dizaine de femmes violées qu'a accueillies son association.

Je sais qu'une d'elles s'est débrouillée un logement et vit toujours avec son mari, et une autre est retournée dans sa famille après son accouchement et l'abandon de l'enfant.

La famille de cette dernière n'a pas su le viol.

C'est grâce à la complicité de sa sœur qui s'est occupée d'elle jusqu'à son accouchement que sa famille n'a rien su du tout", explique-t-elle précisant qu' "elles ont tout fait dans la discrétion et n'ont pas déposé plainte".

Témoignage no 2

1994 quelque part sur les hauteurs d'Alger

Une famille habitant les hauteurs d'Alger vit une nuit de cauchemar.

Une des filles a été violée sous les yeux de son frère, incapable de la protéger.

Les témoignages des victimes sont publiés par El Watan le 28 juin 1994.

La benjamine avait à peine 18 ans "On dormait quand plusieurs personnes sont venues frapper à notre porte en criant:

Ouvrez police! Il était près de minuit.

Ma sœur ainée était au téléphone avec une copine.

Elle dit:"on frappe à la porte, c'est la police ".

Son interlocutrice tentera de la dissuader.

N'ouvre surtout pas ce sont des terroristes tu feras mieux d'appeler la police."

Entre temps les individus étaient déjà à l'intérieur de la villa après avoir escaladé les murs du jardin.

Ils ont défoncé la porte.

L'ainée n'en revenait pas.

Elle réveillera en catastrophe ses deux jeunes seurs et essayera de les cacher.

La maison est vite envahie par trois hommes cagoulés, armés de poignards et de pistolets. "

Si vous appelez la police on vous tuera et on mourra avec vous ", dira l'un d'eux.

Le plus agé avait peut-étre 24 ans. "

Ils ont ligoté, puis enfermé chacune de nous dans une chambre pour nous violer.

Ils nous ont insultées, frappées, traitées de suppots du pouvoir, de bourgeois... C'était infernal.

Nous devons notre survie à notre sœur ainée qui s'est faite violée sept fois de suite pour nous protéger.

Elle s'est sacrifiée pour que les trois monstres ne nous souilient pas.

L'ainée est partie, dira la mère.

Elle a fini par quitter le pays complètement traumatisée.

Elle n'arrivait plus à dormir.

Les agresseurs avaient un langage bizarre qui allait entre grossièreté et incantations religieuses.

Ils nous interdisaient de les fixer du regard.

L'un d'entre eux nous disait: moi je n'ai pas peur, j'ai déjà tué.

C'était le plus jeune.

Il devait avoir 18 ans. Ils nous harcelaient de questions du type: faites-vous la prière, pourquoi vous vous habillez de cette manière, est-ce que vous allez à la plage?"

Témoignage no 3

Juillet 1994, quelque part en Algérie

Aïcha Djellid, femme travailleuse et militante de progrès a été attaquée par un groupe terroriste.

Elle avait supplié les terroristes d'avoir pour elle un peu de "rahma" (pitié!) et de la tuer par balles.

Sa fille, quinze ans, a détourné la tête pour ne pas voir la scène d'horreur qu'allait subir sa mère.

Un "héros" du groupe lui a rivé la tête pour l'obliger à regarder la scène de décapitation de sa mère dont la tête a été arrachée puis jetée par dessus le mur d'enceinte de la maison. Le lendemain, à l'aube, la fille a été cherché ... la tête de sa mère.

Jamais les khmers rouges , les sionistes ou les nazis qu'on décrit comme cruels n'ont été capables d'un tel acte de cruauté.

Témoignage no 4

Ahmed CHAALAL
juillet 1994

Mme Aïcha Djellid a été égorgée devant ses trois filles.

Une de ses fille témoigne: maman a demandé aux tueurs qu'on ne l'égorge pas devant nous.

On leur a embrassé les pieds pour qu'ils épargnent maman. [...]

Avant qu'il ne lui tranche la gorge, elle a crié difficilement, une dernière fois :

Faites sortir mes filles ! Ne faites pas ça devant elles !

Soudain le sang a giclé de tous côtés.

L'homme atroce nous a fixées une dernière fois avant de laisser le corps raide tomber comme une pierre.

Il a coupé la tête de ma mère qui était restée accrochée au corps par un mince pan de chair [...]

Là-bas, ils ont jeté la tête de ma mère dans une poubelle.

Je l'ai ramassée, embrassée et suis retournée à la maison.

J'étais, tout comme ma petite sœur, convaincue que ma mère allait retrouver la vie une fois la tête remise à sa place. On lui a parlé toute la nuit pour qu'elle revienne mais en vain. »

Témoignage no 5

Zahra, àgée de 17 ans a été enlevée en 1995 d'un village de la Mitidja.

Elle raconte son supplice: "je criais, criais de toutes mes forces mais en vain.

J'ai marché avec les terroristes pendant plusieurs heures dans la foret.

Nous sommes arrivés dans une vieille maison ou se trouvait une dizaine de jeunes femmes.

Il y en avait meme qui avaient à peine 12 ans.

Lorsque mon tour est venu, l'émir m'a violée en me disant: tu sais qu'on égorge les femmes qui tentent de fuir.

Il n'avait rien d'humain.

A chaque fois qu'il me souillait, il me menacait de son couteau de boucherie. Je m'attendais tous les jours à ce que cette lame traverse mon cou."

Témoignage no 6

Kheira, une autre victime d'à peine 22 ans a été kidnappée dans un village près de Médéa en Algérie.

Elle a témoigné devant les journalistes de la télévision et de la presse écrite en 1996 des horreurs qu'elle a vécues avec d'autres victimes."

Chaque soir, c'est un nouveau terroriste qui vient me prendre, confiait-elle aux journalistes.

Ils ne me regardaient meme pas.

Ils me demandaient juste de me déshabiller, quant ils ne le faisaient pas brutalement.

Ils passaient généralement l'un après l'autre en se répartissant le temps.

En une nuit, j'ai du subir une dizaìne de viols.

Les filles qui tombent enceinte, sont tuées par écartèlement une fois que leur ventre commence à grossir."

Ce témoignage ne differe pas de celui d'une autre femme, agée de 40 ans, violée par des intégristes armés qui ont l'àge de ses enfants.

Témoignage no 7

Le cas de Nora, une adolescente de 12 ans, retrouvée par les gendarmes errant à demi-folle dans la wilaya de Blida en 1996 avec une grossesse de plus de trois mois.

Nora au visage enfantin, à la belle chevelure chatain claire qui cache une bonne partie de son corps frele, a été enlevée à sa sortie de l'école par un groupe d'intégristes armés non loin de la ville d'El-Afroun, wilaya de Blida.

Elle avait passé six mois dans un maquis terroriste.

Ayant remanqué sa grossesse, les ravisseurs l'ont laissée partir, d'autant quelle affichait des signes apparents de folie.

Une fois prise en charge par les militaires, ces derniers ont convoqué son père pour la récupérer. "

Je n'ai pas de filles enlevées par des terroristes.

Ma fille a été tuée.

Faites en ce que vous voulez de celle que vous avez retrouvée ", a-t-il déclaré aux militaires.

Ces derniers n'ont pu remettre Nora à ses parents de peur qu'ils ne la tuent.

Pourtant, Nora, meme dans sa folie, n'arretait pas de réclamer sa mère et son père.

Les autorités l'ont placée en hopital psychiatrique.

Les praticiens ont d'abord interrompu sa grossesse, avant d'entamer les soins psychologiques.

Conclusion (source : https://fr.wikipedia.org/wiki/Guerre_civile_alg%C3%A9rienne)

La **guerre civile algérienne (décennie noire, décennie du terrorisme, années de plomb, années de braise**[2]) est le conflit qui opposa le gouvernement algérien, disposant de l'Armée nationale populaire (ANP), et divers groupes islamistes à partir de 1991.

On estime que ce conflit coûta la vie à plus de 60 000 personnes[3] ; d'autres sources avancent le chiffre de 150 000 personnes[4] (avec des milliers de disparus, un million de personnes déplacées, des dizaines de milliers d'exilés et plus de vingt milliards de dollars de dégâts[1]).*

Le terrorisme se termina par la victoire du gouvernement, suivi de la reddition de l'armée islamique du salut (AIS) et la défaite en 2002 du Groupe islamique armé (GIA).

Le conflit commença en décembre 1991, quand le gouvernement annula immédiatement les élections législatives après les résultats du premier tour, anticipant une victoire du Front islamique du salut (FIS), craignant de perdre le pouvoir et que ce dernier mette en place une république islamique.

Après l'interdiction du FIS et l'arrestation de milliers de ses membres, différents groupes de guérilla islamiste émergèrent rapidement et commencèrent une lutte armée contre les civils et dont le but ultime était de les terroriser et punir en cas de soutien au gouvernement algérien.

Ils se sont constitués en plusieurs groupes armés, dont les principaux sont le Mouvement islamique armé (MIA), basé dans les montagnes, et le Groupe islamique armé (GIA), basé dans les villes.

Les islamistes ont au commencement visé l'armée et la police, mais certains groupes s'attaquèrent rapidement aux civils.

En 1994, tandis que des négociations avaient lieu entre le gouvernement et les dirigeants du FIS mis en résidence surveillée, le GIA déclara la guerre au FIS et à ses partisans, alors que le MIA et divers plus petits groupes se regroupaient pour former l'Armée islamique du salut (AIS), loyale au FIS.

Silence on viole (source : http://lodel.irevues.inist.fr/cahierspsychologiepolitique/index.php?id=1063)

Dans toutes les situations de guerre, de conflit, de terrorisme… ce sont les plus faibles et les plus innocents qui sont touchés, à savoir les femmes et les enfants.

S'il est vrai que beaucoup a été dit ou écrit sur les conséquences de la violence faite aux enfants, rien ou presque n'a été fait concernant les violences faites aux femmes, notamment le viol et les violences sexuelles, tant il est vrai que le sujet n'est pas neutre, qu'il est chargé d'émotions, tant il est un sujet tabou comme tous les sujets liés à la sexualité.

Avant d'aborder la problématique du viol en Algérie, il semble nécessaire de préciser certains points.

Le premier est que l'utilisation du viol et des violences sexuelles à l'égard des femmes n'est pas propre à l'Algérie ; à titre d'exemple les viols commis au Rwanda, au Kosovo…

De ce fait nous pouvons dire que le viol et les violences sexuelles à l'égard des femmes sont de plus en plus utilisés à des fins de terreur politique, d'éradication d'un groupe ou d'une ethnie…

En Algérie, les viols et les violences sexuelles ne sont pas la spécificité des extrémistes islamiques.

Ils s'inscrivent en fait dans une continuité des violences sexuelles faites aux femmes pendant la colonisation et la guerre de libération sauf qu'au jour d'aujourd'hui.

Par ailleurs, ces viols n'ont pas bénéficié de la même médiatisation que les viols commis en Bosnie ou au Rwanda, d'une part en raison de la honte.

Cette situation fait qu'il est très difficile de connaître l'étendue exacte des viols commis à l'égard des femmes et des jeunes filles en Algérie.

Le deuxième point que nous tenons à souligner est que le viol et les violences sexuelles en Algérie ne sont pas des faits nouveaux.

Déjà pendant la colonisation et la guerre de libération, les femmes étaient violées par les militaires français, violées en représailles aux attentats commis par les moudjahiddines, violées également car elles ont ou auraient participées ou fait parties du réseau de résistance….

Très peu d'entre elles ont osé lever le tabou des viols commis dans les maquis aussi bien par les soldats français que par les maquisards.

En fait ce n'est qu'en 2001 que Louiza Iguilahriz, ancienne moudjahida, a publié un livre sur les viols qu'elle a subi lors des séances de torture et ce malgré la désapprobation de son fils.

Même en France ce n'est qu'entre février et mars 2002 que trois documentaires ont été diffusé sur les chaînes publiques françaises : « le viol des femmes algériennes » de Valérie Gajet ; « paroles de tortionnaires » de J. Claude Deniau ; « ennemi intime » de Patrick Rotman.

Nous constatons ainsi que la peur du viol est ancrée dans la mémoire collective des femmes algériennes.

Par ailleurs, il nous semble également important de signaler que le viol en Algérie a surtout été signalé par le mouvement féministe et/ou associatif.

Il n'existe pas d'espace de reconnaissance pour ce type de traumatisme et par conséquent pas de procédure de réparation qu'il soit d'ordre juridique ou psychologique.

Le viol atteinte privée et destruction sociale

Pour mieux saisir le vécu de ces jeunes filles et ces femmes ayant subi le viol, il est important de situer le contexte dans lequel ces atrocités ont été commises.

Le terrorisme que subit notre pays depuis plus d'une décennie a recours à de multiples actes de violence : massacres collectifs, attentats, assassinats, destruction de sites administratifs, d'écoles, de maisons… en fait, de lieux hautement symboliques.

Le but recherché est de terroriser la population et par là-même de frapper l'imaginaire collectif. Une des stratégies adoptées par les terroristes est le viol systématique des femmes et jeunes filles.

L'utilisation de la femme comme le dit si bien K. Guenivet « comme champ de bataille où tous les coups sont permis : viols, mutilations, esclavage sexuel… rentre bien dans le cadre des stratégies mises en place par les intégristes afin d'humilier et de détruire l'ensemble de la communauté considérée comme ennemi »*p.10

Pour la femme, pour la jeune fille, avoir été violée signifie une effraction du corps, de l'intimité, de l'intégrité physique et psychique.

Le viol est un crime contre la personne, c'est un acte de domination, de destruction d'une personne, atteignant le sexe, le corps de la femme pour l'atteindre au plus profond d'elle-même, pour la réduire au rang d'objet en niant son humanité.

Par ailleurs, ce qui caractérise ces viols c'est d'une part leur aspect collectif, répétitif, systématisé auprès des femmes et jeunes filles kidnappées et d'autre part la cruauté avec laquelle ils sont pratiqués.

Ces viols, ces kidnappings sont en fait considérés comme une récompense offerte « aux valeureux guerriers » que sont les terroristes.

Les femmes sont dès lors considérées comme un butin de guerre, une « ghanima », comme des objets sexuels pour assouvir les besoins des troupes, les « remercier » pour leurs actes.

Aussi avaient-ils tous les droits sur ces femmes à qui ils faisaient subir les pires sévices : sodomie, fellation, mutilation des parties érogènes.

Pour la jeune fille ou la femme, être violée c'est être souillée, c'est avoir « el aar », c'est porter une marque indélébile sur son front, sur Soi.

En effet, dans le contexte arabo musulman, la petite fille est élevée dans la mise en garde systématique contre la perte de sa virginité, de son hymen car ils sont les garants de l'honneur de la famille, voire de toute la communauté.

L'hymen de la jeune fille appartient au père, au frère, à la famille...

Aussi la privation de la virginité imposée par le viol constitue une destruction de la personne dans la mesure où il s'inscrit dans le registre de l'être, de l'identité « être une jeune fille vierge ».

Etre ou avoir été violée, ce n'est pas seulement ne pas avoir ou ne plus avoir d'hymen mais c'est être ou ne pas être vierge.

Etre violée, c'est être souillée

Ce vécu de souillure est une caractéristique omniprésente dans la clinique du viol ; selon Ph. Bessoles « une caractéristique corporelle extrêmement prégnante reste un vécu de souillure quasi permanent ».

Souvent les victimes organisent leur vie autour de cette sensation d'être sale et très souvent elles développent des comportements de type obsessionnels avec des rites de lavage compulsifs en utilisant de puissants détergents ; certaines allant même jusqu'à se lacérer le corps pour se purifier de cette souillure qui semble les imprégner.

D'autres jeunes femmes prennent plusieurs bains par jours également pour se purifier.

Ce désir de purification va plus loin chez certaines comme cette dame de 60 ans qui a voulu et qui est allée à la Mecque, donc les lieux saints, pour se purifier du viol qu'elle a subi.

Les adolescentes qui ont subi les viols et les violences sexuelles sont particulièrement affectées par ces actes car ces agressions sexuelles se produisent à une période de vie où le développement psychosexuel et les transformations corporelles sont en plein essor.

Aussi n'est il pas étonnant de voir d'autres troubles apparaître comme les somatisations, les troubles dissociatifs voire les tentatives de suicide.

Bakhta 15 ans, Zahéra 16 ans, Amina 14 ans, toutes ont essayé de se donner la mort. (ces patientes ont été vues par Mme S.Ferhat à EHSDrid Hocine).

La mort est, à leurs yeux, la seule solution possible à leur souffrance.

Ces trois jeunes filles ont été hospitalisées pour état dépressif sévère.

Ce qui réuni Bakhta, Zahéra, Amina c'est ce sentiment d'être « sale », « d'avoir été salie, souillée ».

Elles le disent, tout comme elles ont développé des troubles obsessionnels compulsifs sous forme de rites de lavage : autant de tentatives, vaines, d'enlever la souillure. Zahéra ira jusqu'à se brûler pour se purifier.

Ce qui obsédait ces adolescentes c'est l'odeur du sang mêlé de sperme...

Un profond sentiment d'injustice les envahit : pourquoi moi ? Qu'ais-je fais ?

Ces adolescentes étaient en pleine puberté et le viol est venu casser ce qui est en train d'éclore à savoir l'identité sexuelle.

Tout ce qui a été investi par la jeune fille, à savoir une image féminine sexuée, tout ce qui a été valorisé par elle mais aussi par l'ensemble de la société, un corps de femme, une virginité… est détruit à tout jamais.

Les premiers rapports sexuels qu'elles ont subi se sont fait sous la contrainte, avec violence, aussi vont-elles vivre cette première rencontre avec la sexualité comme quelque chose de sale, de violent, de destructeur d'où leur état dépressif, leur tentative de suicide, l'état de déréalisation et de dépersonnalisation présenté par Zahéra.

Ce qui a aggravé la situation de ces adolescentes, au delà du viol subi, c'est l'attitude de l'entourage immédiat à savoir la famille et notamment les mères.

Celles-ci, dans le souci de sauvegarder l'honneur de la famille, imposent le silence et font comme si rien ne s'était passé.

C'est ainsi que la mère de Zahéra, elle-même violée, interdit à sa fille d'en parler, quitte le village et vient s'installer avec sa famille dans la capitale où personne ne les connaît.

Il en est de même pour Djoher qui était fiancée à un émir. Celui-ci l'épouse de force après avoir rejoint le maquis.

A sa mort et alors qu'elle est enceinte, ses parents la ramènent à la capitale et après son accouchement retournent au village ; sauf que l'enfant est porté sur le livret de famille des parents.

Son fils devient ainsi son frère.

Quel peut être le devenir de cet enfant dont la naissance est entouré de secret ? Quel peut être l'avenir de cette mère dépossédée de son enfant ?

Le plus important ici n'est pas la souffrance de leur fille mais la sauvegarde de l'honneur de la famille.

Outre le viol et les violences sexuelles, des mutilations sont souvent commises comme les ablations des seins, des organes génitaux ; mutilations qui visent à détruire le corps de la femme, de la défigurer ; en somme de «la diaboliser » car le corps de la femme est pour les intégristes une représentation du mal.

Par ailleurs, souvent l'égorgement a été utilisé et pas seulement contre les femmes. L'argument économique a été souvent mis avancé.

Il en est de même pour l'argument sécuritaire.

Mais en fait l'égorgement est un rituel « une pratique sacramentelle » selon Benchikh. En effet, et au niveau de l'inconscient collectif, l'égorgement, faire couler le sang, est lié à l'idée de sacrifice ; il s'agirait alors d'une offrande mais aussi d'un acte de purification.

L'égorgement, les mutilations, les viols sont donc choisi pour leur retentissement psychologique.

Le choix des femmes, des jeunes filles, comme celui des enfants représente les victimes les plus émouvantes ; elles sont donc plus efficaces en matière d'impact psychologique.

Ces viols et ces violences sexuelles en plus de l'atteinte narcissique des victimes, sont soumis au regard de l'autre lorsque les corps sont mutilés ou les femmes mises enceintes. Ils contaminent en fait l'ensemble de la famille, de la communauté. Ils touchent, ils tâchent les vivants, ils souillent les ancêtres, en fait toute la filiation.

La victime de viol devient ainsi la porteuse de honte du groupe communautaire.

En effet, dans la culture arabo-musulmane, l'honneur de la famille voire de l'ensemble de la communauté est placé dans le corps de la femme : celle-ci devient la garante de l'honneur de la famille, du village.

Ceci nous amène à considérer ces viols et ces violences sexuelles comme l'expression de l'utilisation du viol comme « une arme de guerre » particulièrement sournoise et redoutable car ce qui est visé ce n'est pas uniquement l'avilissement des femmes mais c'est aussi casser la fierté masculine, l'honneur de la famille, la destruction des liens d'alliance, de filiation, d'appartenance au sein de l'ensemble de la communauté.

Le viol apparaît ainsi comme une profonde atteinte à toute la communauté à qui elle fait porter la honte.

Il s'agit là d'une véritable destruction de l'identité de la famille, du groupe social, de la communauté.

Cette stratégie de la honte atteint son apogée quand les femmes sont relâchées lorsqu'elles sont à un stade avancé de leur grossesse.

Pour la femme, pour la famille c'est avoir la honte mais c'est aussi porter la honte.

A cet Autre : la famille, le groupe social, la communauté… est renvoyé l'image de quelqu'un d'impuissant, incapable de protéger les siens : ses femmes et ses filles. Les jeunes filles, les adolescentes, les femmes le disent « on n'a pas été protégé ». Ces viols apparaissent comme le souligne si bien R. Brauche, cité par J. Lilly « comme moyen d'affirmer la légitimité du maître et soumettre l'adversaire dans sa totalité : les femmes par la souffrance et la honte qu'on leur fait subir ; les hommes de n'avoir su et pu les protéger ». Il s'agit là d'une volonté de destruction de l'autre dans ce qu'il a de plus profond : son identité.

Face à la honte, à la culpabilité, au sentiment d'impuissance… des attitudes de rejet, de déni… apparaissent faisant place ainsi à une autre violence en direction de ces femmes meurtries au plus profond de leur Etre.

C'est là une violence traumatique impensable, indicible, innommable, inavouable. Il s'agit en fait d'un traumatisme sidérant auquel il est impossible de survivre.

Les seules issues possibles sont le rejet de la communauté ou la mort.

La mort plutôt que la honte

Aïcha, 40 ans, mère de sept enfants, a été enlevée puis violée par des terroristes durant plusieurs jours.

De retour à la maison elle est accueillie par son fils aîné qui lui reproche son retour et sa survie « tu n'aurais pas dû revenir, tu aurais dû mourir ».

La mort plutôt que la honte. Le mari la répudie car il ne supporte plus de la voir et de savoir que d'autres hommes ont eu des rapports sexuels avec elle, même si cela s'est fait sans son consentement, même si cela a pris la forme du viol et s'est réalisé dans la violence.

Etant renié par sa propre progéniture qui souhaite sa mort, par son mari avec qui elle a eu tant d'enfants, que reste-t-il à Aïcha bannie par sa famille et la communauté sinon la mort ?

C'est ce qu'elle a essayé de faire avec une tentative de suicide.

Non seulement elle ne pouvait pas survivre aux atrocités qu'elle a subies mais aussi et surtout à l'exclusion dont elle a fait l'objet.

Se sentant incomprise, rejetée, elle tente de se donner la mort ; sans doute essaye-t-elle de répondre, inconsciemment à l'attente du groupe familial et social. Ne dit-on pas que la mort est une « soutra ».

Ayant survécu puis prise en charge sur le plan psychologique, Aïcha travaille actuellement dans une ville loin des siens : elle s'occupe en fait des enfants d'une arrière cousine.

A la frustration de ne plus pouvoir s'occuper de ses enfants, un profond sentiment d'injustice envahi Aïcha qui ne comprend pas ce qui lui arrive.

Une autre forme de violence lui est faite : devoir s'occuper des enfants des autres ; « mon cœur se déchire mais que faire ? ».

Nous constatons ainsi que les viols et les violences sexuelles à l'égard des femmes et des jeunes filles ont un impact aussi bien individuel que collectif.

Il s'agit en fait d'un véritable meurtre « qui laisse la victime vivante » Ph. Bessoles, meurtre du sujet mais aussi meurtre identitaire du groupe social auquel appartiennent ces femmes et ces jeunes filles.

En effet, ces viols apparaissent comme une transgression de l'ordre social qui codifie les relations sexuelles ainsi qu'une « abolition du consensus social et valeurs qui ordonnent les liens entre les individus et structurent la communauté ». Que reste-t-il ?

La mort et le silence car tout un chacun se sent lié à la loyauté familiale et culturelle.

Le silence apparaît ainsi comme un moyen de se prémunir de la honte sociale sauf que ce silence fait l'impasse sur le vécu et la profonde détresse dans lesquels se retrouvent enfermées ces femmes.

Ce silence constitue en fait une véritable négation des traumatismes psychiques et physiques subis.

Le drame des femmes algériennes peut se résumer comme suit :

- Le viol en lui-même qui est une atteinte à l'intégrité physique et psychique des femmes ;
- L'humiliation car souvent elles sont maltraitées, battues, kidnappées de leur maison et en présence des autres membres de la famille ;
- La honte qu'elles portent et qu'elles font porter à l'ensemble des membres de la famille et de la communauté ;
- L'esclavage sexuel auquel elles sont soumises car dans les maquis elles « servent » souvent plusieurs hommes ;
- L'esclavage tout court car en plus d'assouvir le plaisir des ravisseurs, elles devaient accomplir plusieurs tâches ménagères : préparer les repas, laver le linge, coudre les tenues, ramasser le bois…
- Le silence dans lequel elles se sont enfermées et auquel elles sont condamnées ;

- Le rejet de la communauté car l'existence même de ces femmes renvoie en miroir l'impuissance des hommes à les protéger.
- L'absence de reconnaissance et de prise en charge à quel que niveau que se soit.
- L'impossibilité de faire témoigner les victimes.
- L'impossibilité de faire une évaluation exacte des victimes.

La violence du traumatisme dû au viol apparaît ainsi comme impensable, innommable, indicible aussi bien pour les psychés individuelles que groupales car difficilement métabolisable.

Les questions qui se posent : comment apporter aide et soutien à ces femmes et à ces jeunes filles dés lors que nous savons que le viol subi entraîne des conséquences tant au niveau individuel que familial, social et communautaire ?

Comment gérer la honte ? Comment accompagner l'atteinte narcissique et identitaire du groupe social ?

Quelle reperation ?

Bayle, cité par J. Gortais, recommande d'aider les femmes violées à « élaborer l'inélaborable, reconstruire ou retrouver une identité impliquant à la fois un travail de deuil, une réhabilitation de soi et de sa propre parole et la restauration des pôles masculin-féminin ».

Cette démarche, pour objective qu'elle soit, ne prend pas en considération le contexte socioculturel auquel appartiennent ces femmes et surtout ne prend pas en compte le contexte sociopolitique dans lequel ces crimes ont été commis.

Il est indéniable que ces femmes doivent trouver des espaces pour s'exprimer, pour parler de leur drame.

Table de matière

Printed by Books on Demand GmbH, Norderstedt / Germany